ABEL HOVELACQUE

RACINES

ET

ÉLÉMENTS SIMPLES

DANS LE SYSTÈME LINGUISTIQUE INDO-EUROPÉEN

PARIS
MAISONNEUVE ET Cᵉ, LIBRAIRES-ÉDITEURS
15, QUAI VOLTAIRE.

1869

RACINES

ET

ÉLÉMENTS SIMPLES

DANS LE SYSTÈME LINGUISTIQUE INDO-EUROPÉEN

A plusieurs reprises déjà, notamment dans la Revue de Linguistique et de Philologie comparée, II 37, et dans ma Grammaire de la langue zende, p. 61, je me suis efforcé de montrer comment, sous la dénomination de RACINES, les linguistes modernes, reproduisant une conception bizarre des grammairiens hindous, confondaient une suite d'éléments simples du langage et une série d'injustifiables entités.

Cette question, que je ne traitai alors que d'une façon purement incidente, est, si je ne me trompe, d'une gravité réelle et vaut la peine de fixer pour quelques instants l'attention du linguiste.

Il est à peine besoin de s'élever ici contre ces abstractions métaphysiques que l'on nomme des « entités ». L'entité, comme l'on sait, est l'existence considérée comme distincte de la chose existante, la supposition de la non-inhérence à un corps des propriétés de ce corps, la réalisation de l'immatériel : un non-sens. On le sait également, la science moderne doit uniquement sa solidité au dépouillement de l'esprit métaphysique, c'est à savoir à la réprobation des entités.

Le philologue, ce fleuriste, cet horticulteur, ce jardinier, comme le dénommait si justement l'illustre et regretté Schleicher, peut encore, à la rigueur, sacrifier à l'entité supra-naturelle : sa science est purement historique, la langue n'est pour lui qu'un intermédiaire. Sans excuser chez lui les vaines spéculations dont je parle, je n'oserais affirmer qu'un philologue dépourvu du véritable esprit scientifique ne puisse arriver à aucune découverte réellement sérieuse, à aucune formule réellement fondée : je me trouverais d'ailleurs contredit dans cette assertion par plus d'un exemple frappant.

Il en est tout autrement à l'égard de ce botaniste sévère, le linguiste.

C'est qu'ici l'objet des recherches, étant un fait naturel, la manifestation directe et fatale d'un organisme échappe à toute initiative.

Les quelques pages qui suivent ont pour but de rendre manifeste une entité malencontreusement accueillie dans les conceptions positives de la linguistique.

I

Ce que c'était qu'une racine pour les grammairiens hindous.

Embrassant d'une façon synthétique les différentes familles de vocables évidemment et clairement apparentés, les grammairiens hindous se mirent à dégager ce qui leur apparaissait en tant qu'élément invariable, et cet élément ils le qualifièrent de « dhâtu », mot que les modernes ont traduit RACINE.

De *svapimi* je dors, *svapsyâmi* je dormirai, *svapna-* sommeil, etc., ils conclurent à une racine *svap;*

De *tanômi* j'étends, *tanu-* aminci, étendu, ténu, à une racine *tan;*

De *diva-* ciel lumineux, *divâ* pendant le jour, *divi* dans l'air, etc., à une racine *div*. Et ainsi de suite.

(Peu importaient naturellement les occurrences de réduplication et de gradation vocalique, *susvâpa* j'ai dormi, *tatâna* j'ai étendu, *dêva-* divinité.)

II

Manque de méthode dans l'extraction des racines hindoues.

Les grammairiens de l'Inde se retrancheront dans tous les arguments, dans toutes les excuses qu'il leur sera possible de fournir, il n'en faut pas moins reconnaître, même en se plaçant à leur point de vue et avec adoption complète et indiscutée de leur procédé, qu'une singulière méthode a présidé à leur classification.

Comment en effet peuvent-ils faire rentrer sous la formule TAN (tanômi, tanu-) les vocables suivants : *tata-* déployé, *tati-* état d'une chose déployée, *atata* il se déploya?... Sous DIV (diva-), *dina-* jour? Ainsi de suite.

Assurément rien ne peut les justifier. Mais comment se justifieront à leur tour les linguistes d'aujourd'hui qui adoptent eux aussi ces abstractions radicales et nous parlent sans cesse de la racine DIV et de la racine TAN?

Une fois engagés dans cette voie, que ne l'ont-ils parcourue jusqu'au bout (si tant est qu'elle puisse avoir une fin), dégageant une racine MANT d'après *mantra-* avis, *mantûyati* il est rêveur, *mantṛ-* penseur, *mantrika-* conseiller? Une racine DÎPT d'après *dîpta-* or, *dîpti-* lumière, splendeur?... Il n'y aurait plus à la vérité de théorie de la dérivation, mais on aurait mille et dix mille fois étendu la liste des racines indiennes si religieusement cultivées.

III

Trois formes des éléments simples du langage.

On ne saurait trop le répéter, les éléments simples du langage indo-européen, tant verbaux que prominaux, sont tous constitués de l'une des trois façons suivantes :

a ; une voyelle : I aller, A celui-ci, ceci ;

β ; une consonne suivie d'une voyelle : DI briller, SU arroser, MA moi ;

γ ; deux consonnes puis une voyelle : STU chanter, SRU couler, SKU couvrir.

Une syllabe toujours ouverte à la fin, telle est la forme, et cette forme ne souffre aucune exception

Mais, m'objectera-t-on, que faites-vous de *kar* faire, *star* étendre, *var* entourer?...

La réponse est facile. Ces formes sont de pures extensions de primitifs *kṛ, stṛ, vṛ :* en un mot, la voyelle linguale est parfaitement organique, quoi que l'on en ait dit. Il y aurait sur ce fait nombre d'arguments à livrer (bien entendu se garder soigneusement de la très vicieuse prononciation *ri*). L'idiome védique possède, le fait est bien connu, des formes où se présente la voyelle en question, formes n'ayant plus dans l'idiome classique que le développement *(ar)* de cette voyelle. Ce fait n'est en aucune façon la base de mon argumentation, mais il ne doit pas non plus être perdu de vue, car il apporte à mon assertion une preuve irrécusable. La grande raison est celle-ci : dans la conjugaison sanskrite

$$ar : ṛ :: \begin{cases} ê : i \\ ô : u \end{cases}$$

Or si nous nous rappelons que *ê* et *ô* sont pour *ai, au,* véritables gunas, il faudra bien que *ar* (euphonique pour *aṛ)* soit le guna de *ṛ*, c'est-à-dire soit secondaire à ce *ṛ*.

Le schème suivant va rendre raison de ce fait ; prenons comme exemples les redoublés *bibharmi* je porte, *juhômi* j'offre un sacrifice, *nênêkti* il lave, et conjuguons au temps présent du mode indicatif :

SING.	*bibharmi*	*juhômi*	*nênêjmi*
	bibharṣi	*juhôṣi*	*nênêkṣi*
	bibharti	*juhôti*	*nênêkti*
DUEL	*bibhṛvas*	*juhuvas*	*nênijvas*
	bibhṛthas	*juhuthas*	*nênikthas*
	bibhṛtas	*juhutas*	*nêniktas*
PLUR.	*bibhṛmas*	*juhumas*	*nênijmas*
	bibhṛtha	*juhutha*	*nêniktha*
	....	....	....

Là où l'accent se trouve placé sur l'élément verbal celui-ci se trouve guné, c'est-à-dire que *ṛ* devient *ar*, que *u* devient *ô*, que *i* devient *ê*, (aux trois personnes du singulier) ; là où la terminaison personnelle est lourde c'est-à-dire accentuée (au duel et aux deux premières personnes du pluriel) la voyelle radicale demeure, n'est point augmentée.

Est-ce là, oui ou non, un fait parlant de lui-même et tout à fait irréfutable ?

Les autres idiomes indo-européens, même le zend, ont perdu à la vérité cette voyelle *ṛ* et n'ont plus que sa gradation (ar, d'où ir et ur) ; mais que prouve cela ? Uniquement leur dégradation et la délicatesse vocalique du sanskrit.

Quant aux prétendus verbes simples AN, souffler (animus), AS être (est, lithuan. ésti, got. ist), AD manger (edo), je pense les avoir décomposés d'une façon satisfaisante au tome IIe de la Rev. de Ling., fasc. 3.

En somme, ne perdons point de vue ce fait très important, ce fait fondamental que tout élément simple ne peut être constitué que de l'une des trois façons établies au début de ce paragraphe et demeure en tout cas rigoureusement ouvert à la fin, c'est-à-dire terminé par une voyelle.

IV

Dans toute racine hindoue terminée par une consonne, celle-ci n'est que l'articulation initiale d'un élément dérivatif.

Étant admise cette forme terminale rigoureusement vocalique pour les éléments simples du parler indo-européen, et étant seule admise cette espèce de forme, qu'avons-nous à penser des racines hindoues se terminant par une consonne, c'est à savoir, par exemple, *div* briller, *tan* étendre, déployer, *iṣ* désirer, *sić* arroser, *pat* être maître, etc., etc. (1) ?

(1) Il convient de faire exception pour les cas où la consonne terminale est un *m*. Celui-ci en effet peut être pour *v* = *u* et former avec le *a* dont il se trouve précédé le véritable guna de *u*, à savoir *av* = *au*. C'est ainsi, par exemple, que le *tam* du sk. *tamas* obscurité, *tami* nuit, est pour *tav* guna de (s)TU, frapper ; que le *dram* du sk. *dramati* il court, est pour *drav* guna de DRU (on trouve également *dravati*) ; que le *dham* de *dhamati* il souffle, ramène à DHU ; le *çam* de *çamyati* il regarde, à (s)KU, etc., etc.

Une seule chose : la consonne terminale est la consonne initiale d'un élément dérivatif.

Le fait est bien simple à démontrer.

Soit l'aoriste *asićam* j'arrosai, quelle interprétation donnerons-nous de sa forme?... La suivante : l'augment *a*, l'élément personnel *m* nous indiquent le temps aoriste (2) à la première personne du singulier, à savoir « je fis : » mais que « fis-je? » Réponse : *sića* arrosement : id est, j'arrosai. Ce *sića* n'existe en sanskrit qu'à l'état conjugué, mais n'en existe pas moins, c'est bien là une réelle et indéniable existence.

Soit *janayati* il fait naître : *ti* est l'élément personnel « il, » *ya* l'élément factitif, d'où « il fait, » *jana* est un thème nominal signifiant « homme, personne, être produit; » sur ce thème réagit la notion causative, *ya*, le tout est individualisé par le suffixe personnel et nous avons comme sens total « *il fait jana* » id est : il engendre, il fait naître. (Nous voici bien loin, soit dit entre parenthèses, de la commune explication des causatifs.)

Inutile, sans nul doute, de fournir d'autres exemples. Si je voulais m'étendre sur ce point je n'aurais qu'à reproduire toute l'étude sur le Temps Présent, que j'ai publiée au commencement du deuxième volume de la Revue de Linguistique.

V

La méconnaissance d'un procédé d'atténuation vocalique est cause première de la mauvaise analyse des vocables par les grammairiens hindous. — Exposition de ce procédé.

Mais il me faut absolument insister ici sur un procédé que les divers idiomes indo-européens mirent en usage très fréquemment, à savoir l'ATTÉNUATION VOCALIQUE, dénommée SCHWAECHUNG par les Allemands.

Pour rendre la chose facile à saisir je donnerai encore quelques exemples : l'intelligence des faits reçoit de la sorte une plus grande commodité.

(2) La confusion de l'aoriste simple avec l'imparfait n'est point possible : voyez Schleicher, Compendium, p. 803, et ma Grammaire de la langue zende, p. 133.

L'aryaque, indo-européen primitif, prenant l'élément simple SVA dormir (3), forma le thème SVApa, puis précisant ce thème par le suffixe de la première première personne du singulier offrit SVApâmi je dors, id est : je fais « svapa (4). » Le sanskrit connut bien cette forme *svapâmi*, mais à un moment donné il en atténua le *a* en *i*, d'où *svapimi*. Dans le cas actuel les deux formes subsistent, comme en quelques autres cas, mais en général lorsqu'il y a eu semblable atténuation, la forme atténuée subsiste seule. D'où vient cela? Uniquement de ce que cette atténuation ne constitue en fin de compte qu'une facilitation.

Autres exemples d'atténuation vocalique dans la conjugaison. Je donne naturellement la forme aryaque en majuscules :

RAUDAti (5) il coule, il pleure : sk. *rôditi ;*

ADATI (6) il mange : lat. *edit;*

KVAsAti il respire; sk. *çvasiti;* etc., etc.

Cette facilitation est rendue en zend ordinairement par un *e*, cet assombrissement vulgaire de *a* que le vieux baktrien offre en principe devant *m*, surtout devant *m* terminal. L'aryaque VAKÂmi je veux, est en zend *vaçemi ;* UKÂmasi (7) nous voulons, est *uçemahi;* etc...

VI

La voyelle atténuée se trouve maintes fois supprimée. — Exemples de ce fait en différents idiomes.

Ce ne fut pas tout, et en bon nombre d'occasions l'on ne s'en tint pas seulement à cette première facilitation, déjà si considérable comme il est aisé de le reconnaître.

(3) *Simple* n'est ici que relatif car ce « sva » est probablement pour « sa + va » avec précession de l'élément pronominal « sa. » Voyez la vingtième note.

(4) Le *a* de l'élément dérivatif devient long aux premières personnes : ceci, on le comprend, n'est qu'un fait accidentel qui n'a ici aucune portée il eût été facile de prendre pour exemple la seconde ou la troisième personne, dans lesquelles n'apparaît point cet allongement. — M. Ascoli, dans un récent mémoire, n'attribue l'*a* majestatique qu'au sanskrit et aux idiomes éraniens ; Di un gruppo de desinenze indo europee; Milano, 1868.

(5) Le verbe simple est SRU : sk. *sravati* fluit; lithuan. *sraunis*, coulant.

(6) J'en ai précisé l'élément simple verbal dans la Rev. de Ling., II, fasc. 3.

(7) Le VA s'est condensé en U.

On tronqua, on mutila le thème, en sacrifiant sa voyelle terminale.

Notons bien que ce procédé agréa non-seulement au parler organique commun, mais encore, en particulier, à chacun des idiomes indo-européens. Dans les langues les plus éloignées de la correction typique, alors que le sentiment du thème et de la partie fondamentale se trouve perdu, la facilitation au moyen de disparitions vocaliques apparaît comme un phénomène fréquent. Ce n'est plus seulement la voyelle finale thématique qui sombre : c'est la voyelle des syllabes avoisinant la syllabe accentuée.

Prenons pour exemple la langue française, quel en est le principe morphologique légitime? Le suivant : disparition de la voyelle brève précédant la syllabe accentuée (7) et chute (ou obscurcissement en *e* non perceptible) de la partie subséquente :

*mastĭc*A*re*	*mâch*E*r*
*sepăr*A*re*	*sevr*E*r*
*simŭl*A*re*	*sembl*E*r* (8)
*f*A*bula*	*f*A*ble*
*m*O*bilis*	*m*EU*ble* (9)

En allemand, procédé sinon semblable du moins analogue. Sans parler de la suppression du *e* final (*hoer' michrufen;* Goethe, Der Zauberlehrling), sans parler de la disparition du *e* de la syllabe *en* terminale et suivant la syllabe accentuée (10), pensons à la chute d'un

(7) L'accentuation latine, on le sait, est des plus simples : la pénultième étant longue, c'est sur elle que tombe l'accent; étant brève, c'est sur l'anté-pénultième. Ainsi, dans ces vers de Lucrèce :

fervIscunt grAviter spirAntibus Incita flAbris ;
nUllius exItium pAtitur natUra vidEri ;

se trouvent accentuées les voyelles imprimées en capitales (inutile d'ajouter que l'accentuation doit toujours être observée dans la lecture des textes latins).

(8) Nos « mastiquer, simuler, séparer » ne violent point la loi de fidélité à l'accentuation latine, mais sont de simples décalques secondaires. Un intéressant tableau de ces formes coexistantes a été donné récemment par M. Brachet : Dictionnaire des doublets de la langue française, 1868.

(9) Il n'en est point de *mobile* en face de *meuble* comme de *séparer* en face de *sevrer :* « mobile » viole le principe morphologique (comme facile, fragile, débile, etc.) et constitue un véritable barbarisme. Consultez l'Histoire de la langue française, par M. Littré, I, 32, et l'Étude de M. G. Paris, sur le Rôle de l'accent latin dans la langue française, 1862.

(10) *Beide Theile — stehn in Eile...* Der Zaub. *Und ziehn einNetz um uns herum...* Kuenstlers Morgenl.

élément vocalique en bien des expressions usitées dans le style le plus noble :

Als kleines art'ges kind.....
Der luft'ge Kampf war lange nicht vollendet.....
Mit einem Blick mitleid'ger Nachsicht.......
Ich beuge mich vor deinem Blick, dem fluecht'gen.....

Inutile, en vérité, d'insister sur un fait aussi fréquent. Il va également de soi que le français et l'allemand ont été cités ici sans de plus sérieux motifs de préférence que ne l'aurait été quelque autre des idiomes modernes.

DANS LES LANGUES ANCIENNES, j'entends par langues anciennes les transformations immédiates du parler commun indo-européen, DÈS QUE DOIT TROUVER LIEU UNE FACILITATION PAR SUPPRESSION, C'EST LA VOYELLE THÉMATIQUE FINALE QUI SE TROUVE SACRIFIÉE. Ici est le nœud même de la présente étude.

Ci-dessus, § V, nous avons vu comment par une première facilitation cette voyelle se trouvait atténuée. Eh bien, l'atténuation (schwaechung) n'est que le premier degré dans la voie de disparition : cette dernière opération constitue (c'est presque une naïveté de le formuler) la facilitation suprême. La voyelle A, sinon voix laryngienne pure (11), du moins émission la plus simple de toutes les émissions sonores, artificielles ou moulées, s'atténue soit dans la ligne palatale, *i*, *e* (zend), soit dans la ligne labiale *u*, puis une franche poursuite du même procédé fait sombrer totalement ces voyelles d'atténuation.

Voici par exemple l'aryaque ADATI il mange : ainsi que je l'ai démontré dans la Revue de Ling., II, fascic. 3, DA est ici élément dérivatif. Le latin dans son *edit* atténue le A en *i* (12), première facilitation : puis voici que pour plus de commodité encore il supprime tout à fait cet *i*,

(11) Rien de plus aisé que d'obtenir cette émission sonore en agissant sur le larynx d'un cadavre. Ce son fondamental n'est en aucune façon « a. »

(12) C'est son procédé ordinaire : *monet*, *amat* et leurs semblables ne peuvent être invoqués ici; ils sont pour *manayat, *amayat par l'entremise de *manayit, *amayit. La part *aya* peut devenir non seulement *â* ou *ê* (1re et 2e conj. des grammaires classiques), mais encore *î* : voyez Schleicher, au Compendium, p. 358.

déjà bien plus aisé que le *a* primordial et dit enfin *ed't* d'où *est* (13) :

Boletum, qualem Claudius edit, edas. Mart. ; I, 21, 4.
Quinquennes oleas est, et silvestria corna. Hor. Sat. II, 2.

Passons en revue une suite d'exemples.

Sanskrit : *mârjâmi* et *mârjmi* je nettoie. Ces deux vocables coexistent ; entre eux nous avons à supposer la forme atténuée **mârjimi*. Le thème organique est MARGA, le verbe simple est *mṛ*.

Sk. *hanâni* et *hanmi* je vais ; même phénomène qu'au précédent exemple.

Sk. *svapmi* et *svapimi* je dors ; ici l'on n'atteint pas au dernier état de facilitation, à savoir *svapmi.

Sk. *ćikêtati* et *ćikêtti* il apprend, il sait. Le verbe simple est KI (14), le thême KITA, guné KAITA id est *kêta* d'où *ćêta*.

Zend : *uçemahi* et *uçmahi* nous souhaitons. Ici la schwaechung, l'atténuation est en *e*. Forme commune organique : VAKÂ*masi*.

Z. *çan̈haitê* et *çaçtê* (15) il se nomme ; le thème est *çasa-*, la forme aryaque KASA*tai*.

Sk. *vidita-* et *vitta-* (pour *vidta), trouvé, rencontré ; forme organique VI-DA-*ta* ;

Sk. *pâpaćîmi* et *pâpaćmi*, augmentatif de *pa-ćâ-mi* ;

Sk. *jugupiṣati* et *jugupsati*, il veut garder : forme plus organique **gu-gu-pa-sa-ti* ;

Sk. *çakita-* et *çakta-*, pu, réalisé ; forme aryaque KAKATA ;

Sk. *jîvâtum* et *jîvitum*, vivre : forme infinitive ; voyez entre autres exemples au Rig-véda, hymne 667, str. 4 ;

(13) Le groupe *dt* devient *st*. Se rappeler *claustra*, raverses de clôture, pour *claudtra, cf. *claudo* ; etc., etc. Parfois également ce groupe peut se réduire en deux *s*, d'où secondairement simplement *s* ; exemples : *fissus*, *esum* ; voyez Schleicher au Comp., p. 263. — En zend et en vieux perse *çt* remplace souvent un groupe *dt* ; exemple : organique SADTA assis (thème), lat. *sessu-* zend *haçta-* : le sk. védique offre *satta-* avec *tt* par assimilation.

(14) Pour SKI, me semble-t-il, d'où *scindo*, got. *skaida*. Remarquez que *videre* et ses nombreux alliés, tout comme *cernere*, *certus*, ramènent également à un élément simple comportant la notion « fendre, séparer. »

(15) Dans le premier vocable le *i* est épenthétique. La voyelle *a* se nasalise par le signe que l'on a ici sous les yeux, lorsqu'elle est suivie de *h* (= *s* organique), au cas où ce *h* est suivi lui-même d'une autre voyelle que *i*. — En ce qui touche le second vocable, *ç* est pour *s* devant *t* comme bien souvent en cet idiome.

Sk. *radhitâsmi* et *raddhâsmi* (pour radhtâsmi) je tuerai : organique RADHATÂSMI ;

Sk. *gôpitâsmi* et *gôptâsmi*, je protégerai ; forme organique GAUPATÂSMI ;

Sk. *jaghnivas* et *jaghnvas*, ayant battu, ayant heurté ; plus organique *gaghana-vas ;

Sk. *varhitâsmi* et *varḍhâsmi*, j'élèverai : forme organique VARDHATÂSMI ;

Sk. *uṣitvâ* et *uṣṭvâ*, en habitant ; gérondif : plus organique *usa-tvâ ;

Sk. *lôbhitâsmi* et *lôbdhâsmi* (pour lôbhtâsmi) je désirerai, forme plus ancienne *raubhatâsmi ;

Sk. *mêdayati* et *mêdyati*, il est onctueux ; ici nous avons le premier et le dernier état : l'intermédiaire fut *mêdiyati ;

Sk. *klêditâsmi* et *klêttâsmi* (pour klêdtâsmi) je serai humide : forme plus ancienne *klêdatâsmi ;

Sk. *klêçitâsmi* et *klêṣṭâsmi* (pour klêçtâsmi) je tourmenterai : analogie avec le précédent exemple ;

Sk. *grasita-* et *grasta-*, absorbé : organique GRA-SA-TA ;

Sk. *skabhita-* et *skabdha-* (pour skabhta) étayé, enfoncé ; la première forme est védique : organique SKA-BHA-TA ;

Sk. *môhitâsmi* et *môgdhâsmi*, j'hésiterai ; forme plus ancienne *môhatâsmi ;

Sk. *çâsitvâ* et *çiṣṭvâ*, en ordonnant : gérondif ; organique : KA-SA-TVÂ ;

Sk. *kṣubhita-* et *kṣubdha-* (pour ksubhta), agité : forme plus ancienne ksu-bha-ta ;

Sk. *gûhitvâ* et *gûḍhvâ*, en cachant : organique GHU-DHA-TVÂ. Voyez Rev. de Ling., II, 121 ;

Sk. *kṣamitâhê* et *kṣantâhê* (ce dernier avec n pour m devant t) je souffrirai : forme plus ancienne *ksamatâhê ;

Sk. *vividivas* et *vividvas*, ayant trouvé : participe parfait ; aryaque VIVI-DA-VAS ;

Zend : *hidhaiti* et *haçti*, il siége. Ces deux mots ne se rencontrent qu'en composition (Justi, p. 318) mais n'en constituent pas moins un fait remarquable. L'aryaque est ici SA-DA-TI. Voir à la treizième note pour le groupe *çt*. Quant à *dh* pour *d* il est régulier.

Je donnerai enfin les exemples suivants où il s'agit du futur vulgaire formé par l'élément SA, et non pas AS comme on l'avance ordinairement. (Voyez ma Gramm. de la langue zende, p. 134.)

Sk. *kartiṣyati* et *kartsyati*, il coupera : forme plus ancienne *karta-syati ;

Sk. *radhiṣyati* et *ratsyati* (ce dernier pour radhsyati) il frappera : forme plus ancienne * radha-sya-ti ;

Sk. *syandiṣyê* et *syantsyê* (ce dernier pour syandsyê) je coulerai ; forme plus ancienne *syandasyê ;

Sk. *dahiṣyati* et *dakṣyati*, il brûlera : forme aryaque DHA-GHA-SYA-TI ; au sujet de l'élément simple dha, briller, brûler, consulter Rev. de Ling., I, 301 ;

Sk. *tardiṣyati* et *tartsyati* (encore ts pour ds) il frappera : forme plus ancienne *tarda-sya-ti ;

Sk. *trapiṣyê* et *trapsyê*, j'aurai honte : forme plus ancienne *trapa-syê ;

Sk. *vêdiṣyati* et *vêtsyati* (encore ts pour ds) il saura : aryaque VAI-DA-SYA-TI.

Dans ces différents exemples, dont la liste eût pu d'ailleurs se trouver considérablement accrue, l'atténuation ou la mutilation atteignent l'élément dérivatif, le *ta* du thème *kêta*, le *ka* du thème *vaka* et ainsi de suite. Il arriva en quelques occurrences que l'on s'en prit à l'élément verbal lui-même. Voici de ce fait deux exemples frappants, l'un emprunté au zend, l'autre au sanskrit :

Sk. : *âsatê* et *âstê* il s'assied. La voyelle initiale « â » est un simple préfixe (ad-mirabilis, ad-ustus) : l'élément fondamental est SA (16) ;

Zend : *dadhâiti* et *daçti* il pose. Le premier vocable présente un *i* épenthétique (17) ; au sujet du groupe *çt* qu'offre le second, voyez ci-dessus la treizième note. Le vocable organique D(H)ADHÂTI (sk. dadhâti, gr. τίθησι, τιθεῖ) a passé pour apparaître sous les deux formes baktriennes par les mutations suivantes : en premier lieu *dadâti (18) d'où, grâce à

(16) Ou SI, bien entendu ; sk. *sâyati* il tombe affaissé, *sîta-* abattu, *sîdâmi* et *sadmi* je siége ; lat. *sedere*, *sedare*.

(17) Sur l'épenthèse consultez Schleicher au Comp., p. 45 ; Spiegel, Gram. der altbaktr. Spr., p. 59 ; ma Grammaire de la langue zende, p. 9.

(18) Je pense, comme Schleicher, que les DH et GH organiques se transformèrent tout d'abord en simples *d*, *g* chez les Baktriens : leurs *dh*, *gh* ne présentent qu'une évolution secondaire. Consultez ma Grammaire, p. 19, 21, 24.

l'épenthèse, *dadâiti ; — « dadâti » fut traité de deux façons diverses : ou bien, développant son d en dh et admettant l'épenthèse, il donna *dadhâiti;* ou bien, par l'intermédiaire de la forme atténuée *daditi, avec i schwaechung de â, il arriva à *dadti, c'est à savoir à *daçti* (19).

Est-il possible de justifier cette mutilation de l'élément verbal ? Tandis qu'en tous les autres cas c'est seulement la voyelle thématique qui s'affaiblit puis disparaît, comment se fait-il que dans ces deux exemples et un petit nombre d'analogues ce soit la voyelle de l'élément verbal qui se trouve sacrifiée ?

Je crois avoir découvert la raison de ce fait.

Évidemment il n'y avait point possibilité ici d'atténuer, de retrancher une voyelle thématique, puisque dans ces deux exemples l'élément verbal s'offre à la précision personnelle (tê, il se ; ti, il) sans se trouver auparavant dérivé en thème nominal : SA est simplement précédé d'un préfixe, DHÂ est simplement redoublé.

Or, si je ne me trompe, ce préfixe d'une part, cette réduplication de l'autre, sont précisément causes de cette bizarre mutilation de l'élément fondamental.

Je suppose pour cela que les Hindous dans leur *âsatê* avaient perdu le sens morphologique fondamental, que pour eux *âs* se trouvait être l'élément verbal et *a* une simple annexe de liaison, et que dès lors ils ne regardèrent point à atténuer cet *a*, puis à en chasser totalement la forme atténuée, *i*. — En ce qui concerne le *dadhâiti* des Baktriens même raisonnement. L'on tint *dad, dadh* pour élément verbal (se trouvant méconnu le caractère purement réduplicatif de la part « da » initiale), *â* ne fut considéré que comme ligature, puis, en tant que ligature, fut facilement rejeté.

Cette interprétation n'a-t-elle pas une sérieuse apparence de probabilité ?

(19) Touchant le groupe *çt* se reporter à la treizième note.

VII

La fausse analyse hindoue mise en parallèle avec l'analyse raisonnée. — Série d'exemples.

Revenons à nos RACINES.

Il n'y a point à douter que l'admission des prétendus éléments simples clos par une consonne, ces *sad* s'asseoir, *pat* être maître, *stigh* monter, s'élever, lesquels, d'après les tables indiennes, se comptent par centaines, ne soit imputable à méconnaissance de ce fait de l'atténuation et de la mutilation des suffixes dérivatifs.

Une fausse analyse amène donc ces êtres de raison, ces entités, les racines.

Examinons encore un certain nombre de faits et mettons en présence l'une de l'autre la conception hindoue et l'analyse raisonnée.

Voici par exemple le participe passif sanskrit *svanita-* sonné. Comment avons-nous à le résoudre? De la façon suivante : l'élément verbal est SVA (20), le premier thème SVANA- son (sk. *svana-*, lat. *sonu-* avec chute régulière de v après s); le second thème SVANATA- sonné, au propre « ce qui est fait svana. » Le sanskrit, atténuant la voyelle du premier dérivatif, offre *svanita-*, qu'il s'empresse d'analyser :

svan, racine verbale,
i, voyelle de liaison,
ta, élément dérivatif.

Autre exemple. Le sanskrit *janitṛ-*, engendreur (genitor), indique un organique GANATṚ-; l'analyse de celui-ci est des plus simples : l'élément verbal simple « ga » est dérivé par le pronom « na, » d'où GANA

(20) Peut-être pour s + VA id est SA + VA, la première part étant d'origine pronominale. Cf. la troisième note. Cette composition d'éléments simples (que l'on me pardonne cet étrange rapprochement de mots) est sans doute possible, mais il se faut sérieusement garder d'abuser de son admission. Voir sur ce point Curtius, Grundz. der griech. Etym., p. 30.

engendré; le *tṛ* actif (21) délimite ce thème, de là le sens de « faiseur de *gana*, » id est, engendreur. — Le grammairien hindou voit naturellement dans *jan* l'élément verbal, dans *i* une ligature, une voyelle de liaison, dans *tṛ* le suffixe unique. Pour nous au contraire, cela s'entend de soi, *ni*, atténuation de *na*, forme avec le simple GA le dérivé *ga-na*, et le démonstratif à l'état actif réagit sur le thème *ga-na-*, donnant de la sorte naissance à un thème secondaire.

Voici *hantṛ-*, tueur, meurtrier : l'analyse reçue le sectionne en deux parts, 1° « han » élément verbal ; 2° le démonstratif actif. Procédé profondément erroné. La formule du devenir de ce thème est la suivante :

DHA-NA-TṚ, **hanatṛ*, **hanitṛ*, *hantṛ;*

Cette formule, après tout ce qui a été dit ci-dessus, ne demande pas d'explication et son pur énoncé suffit.

Je pourrais assurément multiplier ces exemples et dresser une table singulièrement étendue :

sk. *buddha-*, observé, perçu, pour budhta, budhita, budhata, bhudhata (22) : verbe simple BHU ;

sk. *bhakta-*, partagé, pour bhagta, bhagita, bhagata : verbe simple BHṚ, rompre, thème BHAGA (23) ;

sk. *patita-*, tombé, pour patata : verbe simple PA, tomber ; dans cet exemple, ainsi qu'on le voit, il n'y a que schwaechung, atténuation vocalique ;

sk. *matta-*, enivré, pour madta (cf. satta, assis, pour sadta), pour madita, madata ;

sk. *skabdha-*, étayé, pour skabhta, skabhita, skabhata ; l'idiome des Védas, ceci est un fait précieux, offre encore *skabhita-* ;

(21) Je ne puis exposer ici, en une simple note, la théorie de la dérivation, Je dirai seulement que la formation passive indiquée par *ta* se trouve avoir devant elle deux voies ouvertes pour passer à la notion active. La première est le report de l'attention sur l'élément verbal par la castration de cet élément dérivatif, d'où *t;* la seconde est la progression de la voyelle *a* à ses trois extrêmes, *i*, *u*, *r* vocal. Dans ma grammaire de la langue zende, pp. 31 et ss. j'ai formulé, avec exemples à l'appui, cette théorie de la dérivation. Consultez sur ce très important sujet Chavée, Français et Wallon, p. 131, Rev. de Ling., I, 25.

(22) Au sujet du *bh* de ce dernier, consultez Rev. de Ling., I. 301.

(23) La voyelle linguale devient fort souvent *a*; consultez Rev. de Ling., I, 104, II, 8.

zend : *viçta-*, connu, pour vidta, voyez la treizième note, vidita, vidata : verbe simple DI séparer, secondairement DVI d'où VI par aphérèse (24) ;

zend : *bukhti-*, pureté, pour bugti, bugiti, bugati ; le verbe simple est BHṚ, rompre (25), le thème *bhuga* d'après *bhaga* (26) ;

ancien perse : *durukhtam*, d'une façon méchante, trompeuse ; accusat. neutre pris adverbialement. Est pour durugtam (27), durugitam, durugatam : verbe simple DHRU, thème DHRUGHA ; voyez Rev. de Ling., I, 302 (28) ;

lat. *vectu-s*, charrié, pour vegtu, vaghta, vaghita, vaghata ;

lat. *territu-s*, effrayé, pour tersitu (Compend., p. 262), tarsita, tarsata : cf. sk. *trasta-* pour trasita, trasata.

Ce serait peine perdue et besogne fastidieuse que de prolonger cette liste. Les exemples tombent sous les yeux à chaque page des dictionnaires.

VIII

La fausse analyse hindoue nécessite une foule d'interprétations par voyelles prétendues ligatives mais qui ne sont rien moins que telles.

L'on conçoit combien, avec un procédé d'analyse aussi malencontreux que l'est le système hindou, il fallut admettre à chaque instant des voyelles ligatives.

Dans *îkṣita-* par exemple (vu, considéré), *i* devient pure ligature : et pourtant ce vocable est simplement pour î-ksa-ta ;

(24) Le phénomène d'aphérèse est trop connu pour attirer ici l'attention. Je ne ferai sur le DI qui nous occupe qu'une simple remarque, c'est qu'il est frère d'un DA, lequel par DVA donne les *dva* et *duo* bien connus.

(25) Le sanskrit *pûnati* il purifie, le latin *purus* offrent absolument la même progression idéologique.

(26) Le vocable zend fait naturellement du *bh* initial organique un simple *b*. Son *kh* est pour *k* précédant *t* : phénomène qui se produit également en principe devant *r*, devant les nasales et encore en d'autres circonstances. — Ces détails ne sont peut-être pas sans utilité pour les lecteurs peu familiarisés avec la phonétique, cette base absolue de la linguistique.

(27) Voyez à la note précédente, bien qu'il y soit question non du vieux perse, mais de son collatéral le zend.

(28) Le premier *u* du vocable perse dont il s'agit est épenthétique mais fort peu étonnant ; consultez Spiegel, Die altpers. Keilinschr., p. 147.

C'est encore *i* dans le sk. *tutudima*, nous avons frappé : et pourtant l'aryaque est tout bonnement STU-STU-DA-MA ;

de même dans *vidita-*, connu, su : l'aryaque est VI-DA-TA et le *i* de la syllabe hindoue *di* n'est qu'une atténuation ;

et ainsi de suite.

Dans l'étude morphologique de l'aoriste composé l'admission de la théorie indienne sur les racines occasionne encore les plus graves inexactitudes. J'ai traité ailleurs cette question d'une manière toute spéciale et je n'y reviendrai pas en ce moment (Rev. de Ling., II, 3e fascicule).

IX

Recherche et discussion de l'enseignement de Schleicher.

Je me trouve en vérité singulièrement encouragé dans la bonne estime des considérations que je viens de développer, lorsque je puis constater qu'il s'opérait dans l'esprit de Schleicher, au moment où ce maître incomparable a été enlevé si prématurément, une évolution ne tendant à rien moins qu'à une formule plus ou moins hâtive de la théorie analytique ci-dessus exposée (29).

Voici, en effet, ce que l'on peut lire à la page 343 de la seconde édition de son Compendium (1866) :

« Les racines indo-germaniques semblent avoir eu primordialement « une forme encore plus simple que ne l'est celle que nous présentent les « langues soumises à notre examen : dans ces dernières des éléments « organiques de formation thématique s'unissent fort aisément, plus ou « moins, avec ces racines primordiales. Rapprochez, par exemple, *yu-g* « de *yu*, joindre, *ma-t* de *ma*, mesurer, et ainsi de suite. Les exten-

(29) Dans les notes additionnelles à la Chrestomathie, p. 356, Schleicher repousse, on le comprend aisément, la bizarre théorie qui dans *vid* (videre) et *div* (divus), dans *pak* (sk. paçati, il lie) et *cap* (capio), dans *ag* (ago) et *ga* (got. qviman), et ainsi de suite, incline à voir de simples métathèses. L'apparition de cette théorie n'est pourtant pas sans intérêt : elle nous est un précieux enseignement de la valeur des résultats auxquels on peut aboutir dès que l'on se trouve basé sur une donnée métaphysique, sur des entités. Avec ce procédé de transposition Léon vient de Noël, Roma de amor.

« sions radicales de cette sorte prennent naissance la plupart du temps « par l'accueil, dans la racine, des annexions formatives du temps « présent, comme par exemple s'il s'agit de *man* penser, provenant de « *ma*, de *gan*, provenant de *ga* de *bhandh*, lier, provenant de *bhadh*, « et ainsi de suite : la nasale ici n'est organiquement que la caractéris- « tique du présent..... Il y a donc à distinguer primaires et secondaires « racines. »

Dans l'appendice à sa Chrestomathie (oct. 1868) Schleicher revint sur ce passage, priant de le rétablir comme suit :

« Les racines indo-germaniques semblent avoir eu dans les premières « périodes de la vie du parler commun une forme encore plus simple que « ne l'est celle que nous présentent les langues soumises à notre « examen ; rapprochez, par exemple, *yu-g* de *yu*, joindre, *ma-t* de « *ma*, mesurer. En telles occurrences s'offre vraisemblablement adjonc- « tion d'une seconde racine. »

Assurément je vois assez ce que l'on peut objecter contre la prétention par moi émise, que ma théorie des éléments simples et des racines se trouvait en principe, bien qu'inconsciemment, dans la pensée de Schleicher.

Tout d'abord on m'opposerait le remaniement qu'il apporta au passage même, au passage unique sur lequel je me base. — A ceci je répondrai simplement que la dernière leçon est sans doute moins affirmative que la première (si peu à la vérité que l'ait été celle-ci), mais enfin que cette dernière leçon n'apporte en face de la précédente aucun élément contradicteur !

Si, s'en tenant d'ailleurs au texte non rectifié, au paragraphe du Compendium, l'on m'objecte que dans ces trois exemples précisément choisis, à savoir *man*, *gan*, *bhandh* le dégagement de l'élément nasal caractéristique du temps présent amène comme primordial un *bhadh* que de mon côté je considère comme tronqué de BHA-DHA, je répondrai à la vérité qu'il n'y a point de concordance totale entre la supposition du maître et ma formule, mais j'ajouterai qu'il n'y a point non plus contradiction et que la non-concordance ne résulte ici que d'une cause, c'est-à-dire de l'état rudimentaire de la théorie d'une part, tandis que d'autre part cette théorie se trouve formellement proposée.

Non, assurément, je ne chercherai pas à dissimuler que ma conception des éléments simples n'a pas été enseignée par Schleicher : ses théories du temps présent, du futur et de l'aoriste composé me démentiraient manifestement. Mais du moins j'ai le droit d'affirmer, en appuyant mon assertion de faits incontestables à mes yeux, que la reconnaissance de *racines primaires* et de *racines secondaires* (Compendium p. 344) devait conduire infailliblement à la conception que j'ai formulée dans les pages précédentes.

J'évoque une intention, me dira-t-on, une tendance, une propension... Soit ! mais lorsqu'il s'agit de donner à ma conception l'appui d'une autorité aussi considérable que celle de Schleicher, je mets tout en œuvre pour atteindre ce résultat. La médiocrité même de l'apport effectif et formel que je pense pouvoir tirer de cette recherche, ne m'engage-t-il pas à tenir davantage encore à ces traces, et à estimer ces vestiges d'autant plus précieux qu'ils se présentent plus rares et plus fugitifs ?

X

Résumé : inanité des racines et réalité des éléments simples.

Somme totale, dans nos analyses et classifications, tenons pour véritables racines, si tant est qu'il en faille demeurer à ce terme, les racines indiennes vocaliquement terminées, *i* aller, *si* lier, *kṛ* faire, *su* répandre, arroser, et autres analogues ; mais pour ces *kṛt* couper, *stigh* monter, aborder, *pạt* être maître, *rud* couler, pleurer, *jan* engendrer, *man* penser, et semblables, gardons-nous de les estimer pour autre chose que ce qu'ils sont en réalité, d'imaginaires et maladroites abstractions.

A entendre sainement la chose, ses *stigh*, *man*, *pat* ne nous présentent pas un état amplifié de *sti*, *ma*, *pa*, ces derniers ne sont point « primaires, » les autres ne sont point « secondaires ; » *sti*, *ma*, *pa*, sont les très matériels et très réels éléments simples (verbaux) du langage (30), *stigh*, *man*, *pat* sont purement des membres de vocables dé-

(30) Il est possible que le nombre des éléments tenus actuellement pour simples se trouve, dans l'avenir, réduit d'une façon plus ou moins notable. En tout cas la fameuse théorie dite des préfixes me paraît être un système

coupés de la façon la moins judicieuse, membres informes, agglomérations sans valeur de sons et d'articulations, et qui se virent malencontreusement amenés à la dignité d'éléments fondamentaux.

Fallacieuse théorie que les procédés méthodiques ont peu de peine à ruiner!

XI

L'enseignement doit rigoureusement distinguer dans les termes les éléments simples d'avec les racines. Qualifications proposées.

Etant accueillies les considérations diverses résumées dans les quelques pages qui précèdent, une distinction se trouve nécessairement à introduire dans la parole et l'écriture lorsqu'il s'agit de qualifier, soit les éléments simples, soit les entités. De même que nous dénommons *pronom simple* le type pronominal indécliné, KA, TA, MA, qui, il, moi, pourquoi de même ne dénommerions-nous pas *verbe simple* le pur type verbal non conjugué, SRU, I, DI, couler, aller, briller?... Cette appellation, proposée par M. Chavée, ne me semble pouvoir soulever aucune objection (31).

Dès lors la qualification de *racine* ne s'appliquerait plus qu'à ces extractions de fantaisie, abstraites empiriquement par des grammairiens inexpérimentés, à ces imaginaires *tan, stigh, bhid* incapables absolument de servir d'en-tête à une classification quelconque.

Il serait sans utilité, me semble-t-il, d'insister plus longuement sur cette question si simple, toute grave qu'elle soit. Je heurte, à coup sûr, l'enseignement des maîtres les plus autorisés dans notre discipline : mais

hypothétique complétement subjectif et fort dangereux. M. Pott, comme on le sait, a poussé à l'extrême cette sorte d'analyse. M. Curtius s'est élevé avec raison contre un procédé aussi téméraire dans ses Grundzuege der griech. Etymologie, 30 ss. Voyez la troisième note ci-dessus.

(31) Français et Wallon, p. 62; Rev. de Ling., I, 23.

que l'on veuille bien ne pas perdre de vue que j'emprunte mes armes aux plus sévères d'entre eux, et que ma seule prétention est d'appliquer dans toute sa rigueur leur procédé d'analyse et de comparaison.

Au surplus, il faut bien le reconnaître, dès qu'il se trouvait manifeste que ces « racines secondaires » n'étaient en fin de compte que de pures entités, la tâche se trouvait singulièrement simplifiée. Elle était simplifiée en ce sens que le but s'offrait bien clair et bien évident : l'entité devait disparaître. De même qu'il n'y a pas plusieurs sortes de science, téméraire, modeste, véritable, erronée, fondée, spécieuse, et ainsi de suite, de même n'y a-t-il pas plusieurs sortes de métaphysique. Il y a simplement et sans épithète l'une et l'autre : la science, la métaphysique. Puissé-je, dans ces quelques lignes, avoir donné un gage de mon vif attachement à la première et de ma complète aversion pour la seconde.

Février 1869.

9241. — Paris. Typ. Alcan-Lévy, boulevard de Clichy, 62.

www.ingramcontent.com/pod-product-compliance
Lightning Source LLC
LaVergne TN
LVHW021530140926
848035LV00047B/1283
9782329487755